Dieses Buch kann alleine lesen:

DIESESBUCH

Die schönsten Prinzessinnen-Silben-Geschichten

CARLSEN

Silbe für Silbe zum Lese-Erfolg

Liebe Eltern,

Leseanfänger lesen langsam. Sie müssen jedes Wort Buchstabe für Buchstabe, Silbe für Silbe erlesen. Alle Wörter der Geschichten in diesem Band sind in farbigen Silben markiert. Diese kurzen Buchstabengruppen können Leseanfänger schneller erfassen als das ganze Wort.

Bei den markierten Silben handelt es sich um Sprechsilben. Das heißt, die Wörter sind so in Silben aufgeteilt, wie sie gesprochen werden. Die Sprechsilben entsprechen fast immer auch der möglichen Worttrennung, also den Schreibsilben.

Nur bei der Trennung einzelner Vokale gibt es einen Unterschied: Nach den aktuellen Rechtschreibregeln werden einzelne Vokale am Wortanfang oder -ende nicht abgetrennt. Beim Sprechen unterteilen wir solche Wörter jedoch in mehrere Silben, daher sind sie in diesem Band ebenfalls mit unterschiedlichen Farben markiert: Oma, Radio.

Ihnen und Ihrem Kind viel Spaß beim Lesen!

Inhalt

Conni und die Prinzessin

Eine Geschichte von Julia Boehme
mit Bildern von Herdis Albrecht

Ein ganz besonderer Ausflug

„Wann sind wir denn da?“
Gespannt sitzt Conni mit Jakob
hinten im Auto.
„Jetzt gleich!“
Mama lacht.
Und wirklich:
Oben auf dem Berg
ist nun ein prächtiges Schloss
zu sehen.
Mit bunten Fahnen
auf den Türmen.
„Ist das schön!“,
ruft Conni.

Kaum haben sie geparkt,
springt Conni aus dem Auto.
Zuerst müssen sie
über eine Brücke.
Jakob schaut in den Graben:
„Da sind bestimmt Krokodile drin!“
„Quatsch mit Soße!“,
lacht Conni.

Im Schloss müssen
alle Besucher
Pantoffeln anziehen.
„Die sind ja viel zu groß“,
kichert Conni und
schlurft ins erste Zimmer.
„Schaut mal den Thron!“,
ruft Conni aufgeregt.
Auf so einem hübschen Thron
will sie auch mal sitzen.

Am besten gefällt Conni aber
das Zimmer der Prinzessin.
Mit gemalten Blumen
an den Wänden und
einem traumhaften Himmelbett.
Auf einem Bild entdeckt Conni
die Prinzessin.
Conni seufzt.
Was, wenn sie eine Prinzessin wäre?

Leserätsel

Findest du den richtigen Weg zum Schloss?

Sieben Wörter haben sich im Schloss versteckt:

Z	U	T	U	R	M	O	P	G	N	I
K	A	O	E	H	B	Ü	N	R	V	O
T	H	R	O	N	E	N	X	A	E	A
A	U	G	O	E	N	O	H	B	J	U
O	P	X	B	R	Ü	C	K	E	R	T
E	U	W	J	A	K	I	S	N	X	O
C	F	A	H	N	E	N	W	Ö	L	V

Ein Begriff passt nicht zum Schloss. Findest du ihn?

AUTO

[redacted]

Ein toller Traum

Nanu! Was ist denn das?
Auf einmal sitzt Conni
auf einem Thron.
Sie trägt ein wunderschönes Kleid
und eine kleine goldene Krone.
Ein Diener verbeugt sich vor ihr.
Seine Nase berührt fast den Boden.

„Sie wünschen, Prinzessin?“,
näselt der Diener.
Conni muss nicht lange überlegen.
„Einmal Gummibärchen bitte!“

Schon eilt der Diener davon
und bringt eine Schale
voller Gummibärchen.
„Danke!“
Conni strahlt den Diener an.
„Willst du auch welche?“
Doch der Diener schüttelt den Kopf.

Conni wünscht sich noch
ein Eis und Zuckerwatte.
Und einen Hofnarren,
der mit Bällen jonglieren
und auf den Händen
laufen kann.

Doch dann wird es Conni
langsam langweilig,
immer nur auf dem Thron zu sitzen.
Hat eine Prinzessin nicht auch
eigene Ponys?
Ja, sogar einen ganzen Stall voll!

Conni sucht sich
ein geschecktes Pony aus
und reitet los.
„Juhu!“, ruft Conni.
Prinzessin sein ist einfach toll!

Leserätsel

Wo ist Conni auf einmal?

C Sie sitzt im Kerker. 

T Sie sitzt auf einem Thron. 

Was trägt Conni?

R Eine Krone 

O Eine Sonnenbrille 

Was wünscht sich Conni vom Diener?

N Rote Grütze 

A Ein Eis 

Will der Diener auch Gummibärchen?

C Ja, er nimmt sich eine Handvoll.

U Nein, er möchte nicht.

Was macht Conni dann?

M Sie geht ponyreiten.

O Sie küsst einen Frosch.

Die Buchstaben neben den richtigen Antworten ergeben ein Lösungswort:

_ _ _ _ _

Prinzessin Conni

„Conni!“, ruft es von Weitem.
Conni reißt die Augen auf.
Das Pony ist fort.
Conni sitzt vor dem Bild
der Prinzessin.
Ganz allein!
Zum Glück kommt Mama!
Sie legt den Arm um Conni.
„Da bist du ja!
Was ist denn los?“
Conni grinst verlegen.
Sie muss geträumt haben.
Einen wunderschönen Traum!

„Komm, wir müssen weiter“,
sagt Mama.
Conni wirft einen letzten Blick
auf das Bild.
„Tschüss, Prinzessin“,
flüstert sie leise.

Die anderen steigen gerade
die Treppe zum Turm hinauf.
Conni und Mama laufen
schnell hinterher.
Von oben sieht Conni
den Schlossgarten,
dahinter Bäume, Wiesen
und sogar eine Weide mit Ponys.

Später im Schlossgarten
steht ein Fotograf am Wegrand.
„Wünschen Sie ein Foto
von Ihrem Prinzen
oder von Ihrer Prinzessin?“,
fragt er.
Jakob will lieber ein Eis.
Aber Conni möchte ein Foto!

Für das Foto darf Conni
in ein wunderschönes Kleid schlüpfen.
Sie bekommt sogar eine goldene Krone.
Knips! Schon hat der Fotograf
das Bild gemacht.

Conni darf es sich wenig später
beim Fotografen abholen.
Mama lacht.
„Du siehst ja aus
wie eine echte Prinzessin!“
Conni grinst.
„Bin ich ja auch, oder?“

Infoseite
Das Schloss

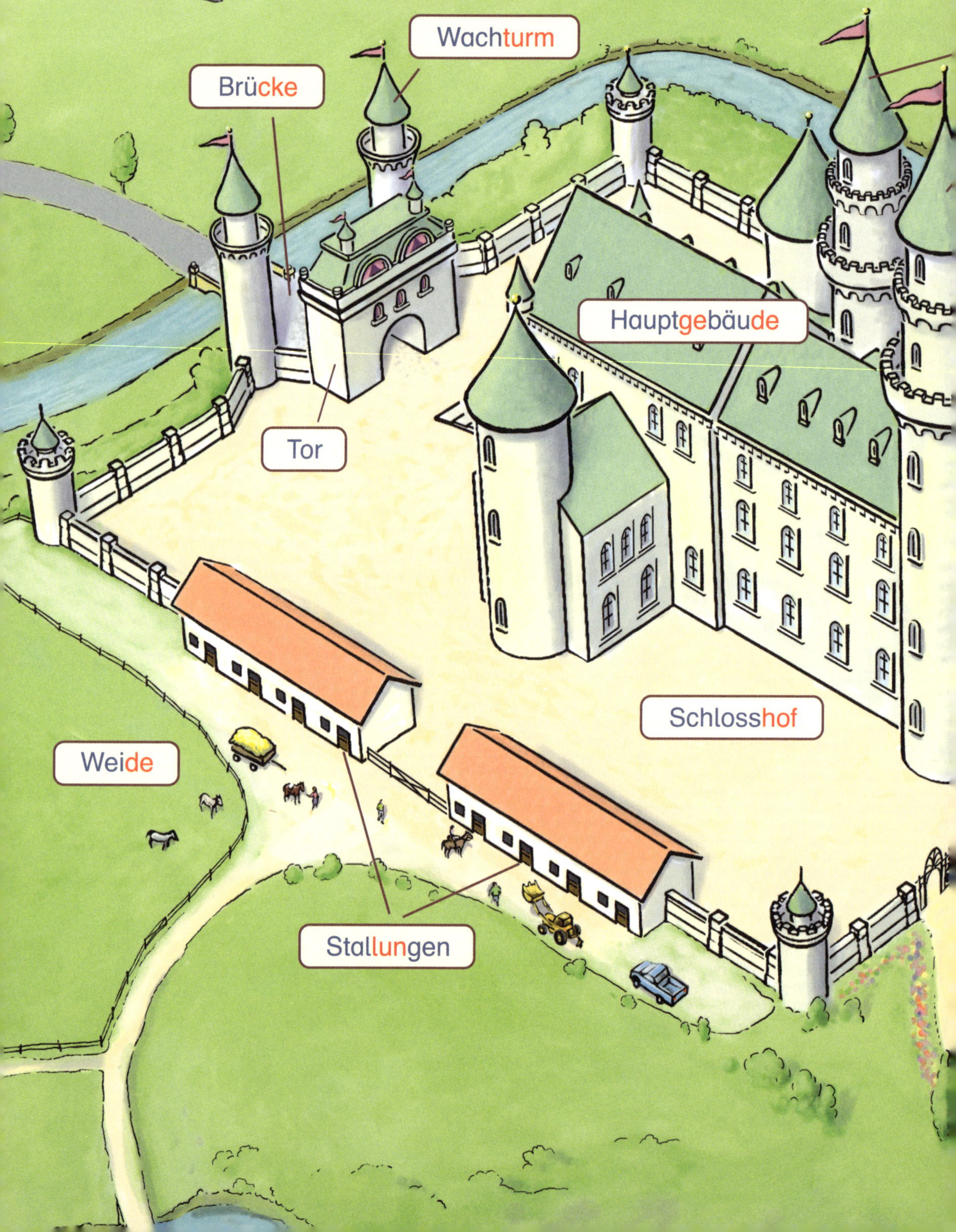

Türme
Graben
Hofkapelle
Schlossgarten

S. 14/15:

Diese Begriffe verstecken sich im Schloss:

Z	U	T	U	R	M	O	P	G	N	I
K	A	O	E	H	B	Ü	N	R	V	O
T	H	R	O	N	E	N	X	A	E	A
A	U	G	O	E	N	O	H	B	J	U
O	P	X	B	R	Ü	C	K	E	R	T
E	U	W	J	A	K	I	S	N	X	O
C	F	A	H	N	E	N	W	Ö	L	V

Das AUTO passt nicht zum Schloss.

S. 20/21:

Conni sitzt auf einem Thron.
Conni trägt eine Krone.
Conni wünscht sich ein Eis.
Der Diener möchte keine Gummibärchen.
Conni geht ponyreiten.
Das Lösungswort lautet TRAUM.

Lösungen

Marie küsst einen Frosch

Eine Geschichte von Christian Tielmann
mit Bildern von Kerstin M. Schuld

Die Prinzessin

Maries Schulklasse will beim Schulfest
ein Märchen aufführen.
„Wir brauchen eine Fee, eine Prinzessin,
einen Prinzen, einen Frosch, ein Nashorn,
ein Wildschwein, einen Lehrer
und ein paar Räuber“,
sagt Herr Baum, der Lehrer.
„Ich will die Prinzessin sein!“, ruft Lilly.
„Ich auch!“, ruft Johanna.
„Ich auch!“, ruft Marie.

Und auch die anderen Mädchen
wollen am liebsten
die Prinzessin sein.
„Die Prinzessin muss aber
den Frosch küssen und
der Prinz muss die Prinzessin küssen“,
sagt Herr Baum.
Marie ist das egal.
Sie will trotzdem
die Prinzessin spielen.

„Küssen?“, ruft Jaro.
„Küssen ist doch total peinlich!
Ich bin jedenfalls kein Prinz!“
„Ich auch nicht!“, ruft Finn.
„Ich auch nicht!“, ruft Leon.
Schade, denkt Marie.
Denn Leon wäre ein prima Prinz,
findet sie.

Aber natürlich nur,
wenn Marie die Prinzessin wäre.
„Dann losen wir am besten aus,
wer Prinzessin und
wer Prinz wird“,
sagt Herr Baum.
Jeder Junge und jedes Mädchen
muss ein Los ziehen.

Bitte, bitte, liebes Prinzessinnen-Los.
Nimm mich!, denkt Marie.
Dann kneift sie die Augen zu
und zieht ihr Los.
Aber noch bevor sie es lesen kann,
schreien die Jungen:
„Leon ist der Prinz!“
Marie faltet ihren Zettel auf.
Und da steht es: „Prinzessin!“

„Und Marie ist die Prinzessin!“,
brüllt Julia.
„Typisch Marie!
Die hat einfach immer Glück“,
motzt Lilly.
Und auch die anderen Mädchen
sind traurig.
Aber dann ruft Jaro:
„Leon und Marie!
Das Liebespaar!
Küsst euch mal!“

Leserätsel

Was macht Maries Klasse
auf dem Schulfest?

- [ ] J Sie führt ein Märchen auf.
- [ ] P Sie brät ein Wildschwein.
- [ ] L Sie küsst den Lehrer.

Warum lässt Herr Baum
die Schüler Lose ziehen?
Kreuze zwei richtige Antworten an:

- [ ] A Weil alle das Wildschwein spielen wollen.
- [ ] U Weil alle Mädchen die Prinzessin sein wollen.
- [ ] L Weil kein Junge den Prinzen spielen will.
- [ ] E Weil alle Jungen die Prinzessin küssen wollen.

Wer wird Prinz und wer wird Prinzessin?

B 
Jaro

S 
Julia

I 
Leon

U 
Lilly

B 
Finn

A 
Marie

X 
Herr Baum

M 
Johanna

Die Buchstaben neben den richtigen Antworten verraten dir, welches Kind den Frosch spielt:

_ _ _ _ _

Kröte und Nilpferd

„Nie im Leben küss ich die Marie!“,
sagt Leon trotzig.
„Die stinkt doch wie eine alte Kröte.“
Seine Freunde Jaro und Finn lachen.
Dabei meint Leon
das gar nicht richtig ernst.
Denn eigentlich findet er Marie klasse.
Und er würde sie sogar ganz gerne
mal küssen.

Aber Leon will, dass Jaro aufhört,
dauernd vom Liebespaar zu reden.
„Ich stinke nicht wie eine Kröte!“,
ruft Marie wütend.
„Und von so einem Nilpferd wie Leon
lasse ich mich sowieso nicht küssen!“
Johanna und Lilly kichern.

„Sag noch mal,
dass ich ein Nilpferd bin,
dann drehe ich dir den Hals um!“
Leon ballt die Fäuste.
„Glaubst du etwa,
ich hab Angst vor dir?“
Marie lacht.

„Das reicht jetzt!“,
ruft Herr Baum.
„Ihr müsst euch nicht wirklich küssen.
Es ist doch nur ein Theaterstück.
Ihr tut nur so,
als würdet ihr euch küssen.
Aber in Wirklichkeit küsst ihr in die Luft!“

In den nächsten Tagen
macht die Schule plötzlich Spaß.
Denn die Klasse übt das Theaterstück.
Und Marie merkt sich ganz genau,
was sie als Prinzessin alles machen muss.
Die Fee im Märchen sagt der Prinzessin,
dass sie einen Frosch küssen soll.
Aber die Prinzessin ist vergesslich.

Sie küsst zuerst ein Nashorn.
Das Nashorn verwandelt sich
in einen Räuber.
Dann küsst die Prinzessin ein Wildschwein.
Das Wildschwein verwandelt sich
in einen Lehrer.
Dann erst küsst die Prinzessin den Frosch.
Der Frosch verwandelt sich in einen Prinzen.

Leserätsel

Wen beschimpft Leon als Kröte?

JU Das Wildschwein

JA Marie

LI Den Frosch

Warum küsst die Prinzessin im Märchen zuerst ein Nashorn und ein Wildschwein?

NE Die Fee hat ihr gesagt, dass sie alle Tiere küssen soll, die sie finden kann.

LI Die Prinzessin findet Wildschweine lecker.

RO Die Prinzessin hat vergessen, was die Fee ihr gesagt hat.

Die Buchstaben neben den richtigen Antworten verraten dir, welches Kind das Wildschwein spielt: __ __ __ __

Ein verdrehtes Märchen! Weißt du noch, wer sich in wen verwandelt?
Ergänze die fehlenden Buchstaben.

Das N A __ H __ R __
verwandelt sich in einen
__ Ä U [ ] __ [ ],

das W __ __ [ ] S C H W [ ] __ __
in einen L E H __ __ [ ],

der F [ ] O __ __ __ in
einen P R [ ] __ Z E N.

Die Buchstaben in den Kästchen verraten dir zwei berühmte Märchenerzähler:
die __ __ Ü __ __ __ G __ __ MM.

Ein echter Kuss

Bei der Aufführung auf dem Schulfest
ist Marie ganz aufgeregt.
Sie küsst erst das Wildschwein
und das Nashorn.
Das Publikum lacht sich schlapp.
Dann küsst Prinzessin Marie
endlich den Frosch.
Da stolpert Prinz Leon auf die Bühne
und sagt: „Hallo Prinzessin!
Danke, dass du mich erlöst hast.“
Und Prinz Leon küsst Marie!
Und zwar ganz echt!
„Du bist doch keine alte Kröte“,
flüstert der Prinz.

Plötzlich fühlt sich Marie auch
wie verzaubert.
Sie hat ihren Text vergessen.
Und sie küsst Leon einfach zurück,
obwohl das gar nicht im Stück steht.
Das Publikum klatscht begeistert Beifall.
Prinz Leon wird knallrot im Gesicht
und murmelt: „Danke, Marie.
Äh, ich meine: Prinzessin!“
Marie wird genauso rot und antwortet:
„Selber danke, Leon. Äh, Frosch.
Quatsch! Prinz!“

Maries geheimes Küsse-Buch

Küsserin: Mama
Gekūsste Stelle: Stirn
Art des Kusses: Gute-Nacht-Kuss
Note: Gut zum Einschlafen (2+)

Küsserin: Tante Traudel
Geküsste Stelle: Wange und das halbe Gesicht
Art des Kusses: Tanten-Kuss
Note: Fürchterlich! Viel zu feucht! (5)

Küsser: Rex, der Hund von nebenan
Geküsste Stelle: Das ganze Gesicht
Art des Kusses: Abschlecken zur Begrüßung
Note: Mangelhaft! Rex stinkt. (5-)

Küsser: Opa
Geküsste Stelle: Hand
Art des Kusses: Handkuss
Note: Sehr eleganter Opa-Kuss, wunderbar (1)

Küsser: Leon
Geküsste Stelle: Wange
Art des Kusses: Prinzen-Kuss
Note: Superklasse! (1+)

Meine geheimen Lieblingsküsse

Küsserin: ______________________________

Geküsste Stelle: ________________________

Art des Kusses: _________________________

Note: _________________________________

Küsser: ______________________________

Geküsste Stelle: ________________________

Art des Kusses: _________________________

Note: _________________________________

S. 40/41:

Maries Klasse führt ein Märchen auf.
Herr Baum lässt Lose ziehen,
weil alle Mädchen die Prinzessin sein wollen und
weil kein Junge den Prinzen spielen will.
Leon wird Prinz. Marie wird Prinzessin.

JULIA spielt den Frosch.

S. 48/49:

Leon beschimpft Marie als Kröte.
Die Prinzessin hat vergessen,
was die Fee ihr gesagt hat.
JARO spielt das Wildschwein.
Das NASHORN verwandelt sich in einen RÄUBER.
Das WILDSCHWEIN verwandelt sich in einen LEHRER.
Der FROSCH verwandelt sich in einen PRINZEN.
Die beiden berühmten Märchenerzähler sind
die BRÜDER GRIMM.

Lösungen

Ein Tag im Schloss

Eine Geschichte von Christa Holtei
mit Bildern von Astrid Vohwinkel

Ein unbekannter Besucher

Prinzessin Marie ist sechs Jahre alt und Prinz Clemens fast acht.

Im Sommer leben sie in diesem Schloss.
Es ist das neue Jagdschloss ihres Vaters.

Heute sitzen die Prinzessin und
der Prinz ratlos in Maries Zimmer.
Es ist so langweilig!
Die beiden haben schon
das ganze neue Schloss erkundet.

„Was könnten wir jetzt tun?“, fragt Clemens seine Schwester. Im Stadtschloss wissen die Kinder jeden Tag genau, was passiert: morgens Unterricht bei ihrem Hoflehrer, mittags Essen mit ihrer Erzieherin, nachmittags Unterricht in Benehmen, Tanzen, Musizieren und Reiten und nach dem Abendessen ins Bett gehen. Marie zuckt die Schultern. „Ich weiß nichts“, seufzt sie.

Vom Fenster aus sehen Marie und Clemens ihre Mutter, die Fürstin Anna Maria.
Sie unterhält sich in ihrem Garten mit einem berühmten Dichter.
Er ist zu Besuch im Schloss und schreibt ein Stück für das Sommerfest.
Die Fürstin und ihre Hofdamen hören dem Dichter aufmerksam zu.

Fürst Johann Clemens,
der Vater der Kinder,
reitet mit seinem Gefolge in den Park.
Alle sind beschäftigt.
Nicht einmal ihre Erzieherin ist zu sehen.
„Guck mal da!“, ruft Clemens plötzlich.
„Kennst du den?“
Marie betrachtet den fremden Jungen
neben dem Wachhäuschen.
Im Moment steht hier keine Wache,
deshalb hat er sich wohl hergetraut.
„Ich habe ihn noch nie gesehen“,
sagt Marie.
„Komm“, ruft Clemens,
„wir fragen ihn, was er will.“

Schnell rennen sie die Treppe hinunter,
an der Wohnung ihrer Mutter vorbei
und auf die hintere Terrasse.
Als der Junge die Kinder sieht,
will er weglaufen.
„Bleib hier!“, ruft Marie und
der Junge bleibt gehorsam stehen.
„Was machst du hier?“,
will Clemens wissen.

Der Junge zuckt zusammen.
Aber Marie fragt freundlich:
„Wie heißt du?“
Da lächelt der Junge sie schüchtern an.
„Jakob“, sagt er und verbeugt sich.
„Mein Vater ist der Gutsverwalter.
Ich wollte mir nur
das Schloss ansehen.“

Eine spannende Entdeckung

Marie schaut Clemens an und der nickt.
„Komm mit, wir zeigen es dir.“
Die Kinder laufen über die Terrasse
in den Saal.

Jakob blickt sich erstaunt um,
aber Marie zieht ihn rasch
hinter eine große Statue.
Da kommt ein Diener durch den Saal!
Fast hätte er sie gesehen!

„Warst du noch nie im Schloss?“,
wispert Marie.
Jakob schüttelt den Kopf.
„Das darf ich nicht,
hat mein Vater gesagt.“
Marie und Clemens sehen sich an.
Jakob geht es genauso wie ihnen.
Sie dürfen auch nicht alles tun,
was sie möchten.

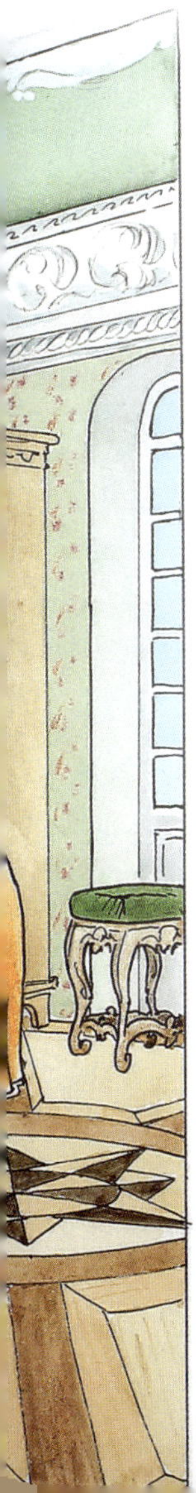

„Wir haben etwas Spannendes entdeckt“,
flüstert Clemens. „Komm!“
Marie und Clemens gehen mit Jakob
an der Wohnung ihrer Mutter vorbei.
Eine Zofe macht gerade das Bett.
Erschrocken bleiben die Kinder stehen,
aber die Zofe bemerkt sie nicht.
Jakob staunt.
Das Bett sieht aus
wie eine riesige Muschel!
Clemens öffnet eine verborgene Tür
in der Wand.
Marie zieht Jakob
zu dem Geheimgang.
Zögernd folgt er den Kindern
die Stufen einer Treppe hinunter.

Es ist so gruselig!
Jakob zittert.
„Gibt es hier
Gespenster?“,
wispert er.
Aber Marie lacht.
„Wieso sollen hier
Gespenster sein?“,
fragt sie.
„Das ist doch
ein ganz neues Schloss!“,
ruft Clemens,
als sie unten sind.
Jakob zuckt zusammen,
denn Clemens’ Stimme hallt
vom Gewölbe wider.
Das klingt schauerlich!
„Schhh!“, macht Marie.
„Sonst hört uns jemand!“

Immer weiter gehen sie
durch den unterirdischen Gang.
Ob er irgendwo aufhört?
Plötzlich öffnet Clemens eine Tür.
Jakob hält die Luft an.
Was mag dahinter sein?
Marie und Clemens haben keine Angst.
Sie laufen ein paar Stufen hoch.

„Nanu?“, ruft der Hofkoch überrascht.
Jakob seufzt erleichtert.
Sie stehen in der Hofküche des Schlosses!
„Die kleinen Hoheiten!“
Der Hofkoch verbeugt sich.
„Und Jakob! Was machst du denn hier?“
Jakob fragt:
„Was ist das für ein Gang?“

Der Hofkoch erklärt:
„Durch den Gang bringen wir
die Speisen auch bei Regen
trocken ins Hauptgebäude."
Dann gibt er den Kindern
winzige Kuchen mit Zuckerguss.
„Und jetzt raus mit euch!",
sagt er und zwinkert Jakob zu.

Der neue Freund

Die Kinder schleichen zum Spielzimmer.
Niemand hat sie gesehen!
„Möchtest du mit uns Theater spielen?“,
fragt Marie.
Jakob nickt begeistert.
Marie und Clemens holen Fächer,
Perücken und Umhänge aus einer Truhe.
Im Nu stehen König Clemens und
Königin Marie im Zimmer
und beraten sich mit Jakob,
ihrem Minister.

Die Kinder sind so vertieft in ihr Spiel,
dass sie nicht merken,
wie es draußen dämmrig wird.
„Wer ist denn das?“,
fragt da jemand streng.
Die Erzieherin steht plötzlich
im Zimmer und schimpft:
„Ihr könnt doch nicht jeden Lümmel
ins Schloss holen!“

Die Erzieherin zerrt Jakob
die Treppe hinunter in den Saal.
Die Fürstin, der Dichter
und die Hofdamen
schauen empört auf Jakob.
Da kommt der Fürst
mit seinem Gutsverwalter herein.
Der blickt seinen Sohn zornig an.
Aber der Fürst hört sich an,
was seine Kinder zu sagen haben.

„Wir möchten gern mit Jakob spielen“,
sagt Clemens.
„Dann ist uns nie wieder langweilig!“
Der Fürst sagt zu Jakob:
„Ich erlaube dir,
meine Kinder zu besuchen,
wann immer ihr es möchtet!“
Darüber freuen sich die Kinder sehr.

Am Abend wird ein Fest gefeiert.
Durch die verborgene Tür
tragen Diener köstliche Speisen
zu der langen Tafel.
Die Musiker spielen heute
besonders schöne Tafelmusik.
Die Kinder dürfen bei solchen Festen
nicht dabei sein.
Aber Clemens und Marie haben
ihren neuen Freund Jakob
eingeladen,
auf der Terrasse zu essen.

Sie sitzen an einem gedeckten Tisch
und hören der Musik zu.
„Es war doch kein langweiliger Tag!“,
seufzt Marie zufrieden.
Clemens und Jakob nicken und
essen noch etwas Nachtisch.

Infoseite
Die Kleidung der Fürsten

Vor 250 Jahren trugen Schlossbewohner andere Kleidung als heute. So sahen sie aus:

Dreispitz
Spitzenjabot
Zopf im Haarbeutel
Weste
Spitzen-manschette
Spitzentüchlein
langer Überrock
Kniehose
Seidenstrümpfe
Schnallenschuhe

Leserätsel

Was erleben Marie, Clemens und Jakob an diesem Tag? Nummeriere die Stationen in der richtigen Reihenfolge.

B Clemens sieht einen fremden Jungen.

R Die Kinder essen auf der Terrasse und hören der Musik zu.

E Der Hofkoch schenkt den Kindern Kuchen mit Zuckerguss.

E Marie und Clemens laden Jakob in das Schloss ein.

U Die Erzieherin entdeckt Jakob
und zerrt ihn in den Saal.

N Clemens öffnet eine verborgene Tür
in der Wand.

E Der Fürst erlaubt Jakob,
mit Marie und Clemens zu spielen.

A Marie und Clemens sitzen ratlos im Zimmer.

T Die drei Kinder laufen durch
einen geheimen Gang.

Wenn du die Sätze
richtig angeordnet hast,
ergeben die Buchstaben neben den
Sätzen ein Lösungswort:

__ __ __ __ __ __ __ __ __
1 2 3 4 5 6 7 8 9

S. 84/85:

A Marie und Clemens sitzen ratlos im Zimmer.

B Clemens sieht einen fremden Jungen.

E Marie und Clemens laden Jakob in das Schloss ein.

N Clemens öffnet eine verborgene Tür in der Wand.

T Die drei Kinder laufen durch einen geheimen Gang.

E Der Hofkoch schenkt den Kindern Kuchen mit Zuckerguss.

U Die Erzieherin entdeckt Jakob und zerrt ihn in den Saal.

E Der Fürst erlaubt Jakob, mit Marie und Clemens zu spielen.

R Die Kinder essen auf der Terrasse und hören der Musik zu.

Das Lösungswort lautet ABENTEUER.

Lösung

Lesen lernen mit der Lesemaus

Liebe Eltern,

alle Kinder wollen lesen lernen. Sie sind von Natur aus wissbegierig. Diese Neugierde Ihres Kindes können Sie nutzen und das Lesenlernen frühzeitig fördern. Denn Lesen ist die Basiskompetenz für alles weitere Lernen. Aber Lesenlernen ist nicht immer einfach. Es ist wie mit dem Fahrradfahren: Man lernt es nur durch Üben – also durch Lesen.

Lesespaß mit Lesepass

Je regelmäßiger Ihr Kind übt, desto schneller und besser wird es das Lesen beherrschen. Eine schöne Motivation kann dabei ein Lesepass sein, den Sie zusammen mit Ihrem Kind basteln können.
Vereinbaren Sie mit ihm eine kleine Belohnung, die es für eine bestimmte Anzahl an Trainingsminuten gibt.
Eine Leseeinheit können zum Beispiel 10 Minuten sein.
Für jede Leseeinheit gibt es einen Sammelpunkt – und nach einer zu vereinbarenden Anzahl von Punkten dann die kleine Belohnung.

Wie können Sie Ihr Kind beim Lesenlernen unterstützen?

Je positiver Kinder das Lesen erleben, desto motivierter sind sie, es selbst zu lernen. Versuchen Sie, Ihrem Kind

ein Vorbild zu sein. Zeigen Sie Ihrem Kind, dass Lesen und Schreiben zum Alltag gehören. Etablieren Sie gemeinsame Leserituale. So erfährt Ihr Kind: Lesen macht Spaß!
Lesen Sie Ihrem Kind mindestens bis zum Ende der Grundschulzeit vor. Auch wenn Ihr Kind zunehmend eigenständig liest, bleibt das Vorlesen ein schönes und sinnvolles Ritual.

Lesen lernen mit der Lesemaus

Jedes Kind lernt unterschiedlich schnell lesen. Orientieren Sie sich bei der Auswahl von Erstlesebüchern daher an den Interessen und Lesefähigkeiten Ihres Kindes. Die Geschichten sollen Ihr Kind fordern, aber nicht überfordern.
Die Lesemaus zum Lesenlernen bietet spannende und leicht verständliche Geschichten für Leseanfänger.
Altersgerechte Illustrationen helfen, das Gelesene zu verstehen.
Mit lustigen Leserätseln können die Kinder ihre Lernerfolge spielerisch selbst überprüfen. Außerdem gibt es in jedem Band interessante Sachinfos für Jungen und Mädchen.

Ihnen und Ihrem Kind viel Spaß beim Lesen!

Lesen lernen in kleinen Schritten

Der Leselern-Prozess vollzieht sich über längere Zeit und in mehreren Schritten. Genauso differenziert wie dieser Prozess sind die Erstlesebücher mit der Lesemaus. Umfang, Wortschatz, Schriftgröße, Text-Bild-Verhältnis der Geschichten und das Niveau der Leserätsel sind optimal auf die verschiedenen Phasen des Lesenlernens abgestimmt:

Bild-Wörter-Geschichten – mit Bildern lesen lernen

- Erste Geschichten mit Bildern statt Wörtern für Leseanfänger
- Große Fibelschrift
- Wenig Text, viele farbige Bilder
- Auch ideal zum gemeinsamen Lesen: Das Kind ergänzt das Wort, wenn ein Bild kommt.

Geschichten im Dialog – zu zweit lesen lernen

- Kleine Geschichten zum Vor- und Selberlesen
- Lesen im Dialog – das Erfolgskonzept zum Lesenlernen
- Eltern lesen die linke, Kinder die rechte Seite
- Große Fibelschrift, hoher Bildanteil

Geschichten zum Selberlesen – Lesekompetenz üben und festigen

- Einfache Geschichten für Erstleser, die schon längere Texte lesen können
- Klare Textgliederung in Sinnabschnitte
- Viele farbige Bilder zur Veranschaulichung
- Leserätsel zum Textverständnis

So ein Angeber!
Es ist ein warmer Frühlingstag.
Die Freunde aus der 2a verabreden sich
für den Nachmittag zum Schwimmen.
„Kann ich mitkommen?", fragt Mike.
„Wenn du mit Karla um die Wette
schwimmst?", sagt Anna spöttisch.
„Null Problemo", antwortet Mike.

„Ich wette um eine Tafel Schokolade,
dass Karla gewinnt", sagt Mia.
Karla ist die beste Schwimmerin
der Klasse.
Im Herbst wird sie neun Jahre alt.
Dann will sie das goldene Jugend-
Schwimmabzeichen machen.

10

Extra Lesetraining – vertiefende Methoden zum Lesenlernen

- Spannende Geschichten für Leseanfänger
- Bewährte didaktische Konzepte
- Einfache Sätze, klare Gliederung
- Leserätsel zur Erfolgskontrolle

Silbenmethode

Marie liest mit der Nase!
Maries Klasse plant eine Lesenacht.
Die Schüler wollen Geschichten hören
und im Klassenzimmer übernachten.
„Aber ich kann nicht die ganze Nacht
vorlesen. Ihr seid auch mal dran",
sagt Herr Baum, der Lehrer.
„Und damit das Vorlesen gut klappt,
üben wir jetzt noch mal!"
Maries Freund Leon ist als Erster dran.

36

Leon liest wunderbar vor.
Dann kommt Finn an die Reihe.
Schließlich landet das Buch bei Marie.
Da lacht Jaro: „Marie liest ja
mit der Nase!"
„Die Schrift ist eben zu undeutlich!",
sagt Marie wütend.

37

Michi und Boris haben alles beobachtet.
Sie sehen, wie die Mädchen weglaufen und
wie Duschka über das Seil zurückkommt.
„Das möchte ich auch können", flüstert Michi.
Sie folgen Duschka bis zu einem Platz am
Ortsrand. Da stehen mehrere Wohnwagen
um einen weißen Laster herum.
Auf den Laster ist ein großes Bild gemalt.
„Ach so!", sagt Michi, als er das Bild sieht.
„Jetzt versteh ich!"

74

Als Michi am nächsten Morgen in die
Schule kommt, stehen die Schüler aufgeregt
auf dem Hof. Alle freuen sich, nur die drei
Detektivinnen schauen grimmig.
„Was ist denn?", fragt Michi.
„Sie sind hier bei uns auf dem Schulhof!",
ruft Boris. „Schau, da ist sie!"
Vor lauter Leuten hat Michi Duschka gar
nicht gesehen. Sie trägt ein buntes Trikot
und ein Faltenröckchen. Sie steht mit einem
großen Mann vor dem weißen Laster und
strahlt vor Stolz und Freude.

Vereinfachte Ausgangsschrift

Unser Versprechen für mehr Nachhaltigkeit
- Klimaneutrales Produkt
- Farben auf pflanzlicher Basis
- FSC®-zertifiziertes Papier
- Hergestellt in Europa

Sonderausgabe im Sammelband

ISBN: 978-3-551-06650-3
Umschlagillustration: Kerstin M.Schuld
Illustrationen Vorsatz: Herdis Albrecht
Illustration der Lesemaus: Hildegard Müller
Umschlagkonzeption: Gunta Lauck
Lektorat: Constanze Steindamm
Satz: Karin Kröll
Lithografie: ReproTechnik Fromme, Hamburg

Conni und die Prinzessin

Marie küsst einen Frosch

Ein Tag im Schloss